8° F Pièce
1847.

AF310349

RÉSULTATS STATISTIQUES

DES CINQ PREMIÈRES ANNÉES D'APPLICATION

DES LOIS D'ASSURANCE OBLIGATOIRE

CONTRE LES ACCIDENTS

EN ALLEMAGNE

(1886-1890)

PAR E. GRUNER

INGÉNIEUR CIVIL DES MINES

Extrait du *Bulletin du Comité permanent du Congrès des Accidents du travail*
(2º année, nº 6, Novembre-Décembre 1891)

PARIS

SECRÉTARIAT GÉNÉRAL DU COMITÉ

20, RUE LOUIS-LE-GRAND, 20

COMITÉ PERMANENT INTERNATIONAL
DU CONGRÈS DES ACCIDENTS DU TRAVAIL
ET DES ASSURANCES SOCIALES.

BUREAU.

Président :

M. **Linder**, Inspecteur général des Mines, Vice-président du Conseil général des Mines, etc.

Vice-Présidents :

M. **Darcy**, Président du Comité central des Houillères.

M. **Ricard**, Député, Président de la Commission du travail.

Secrétaire Général :

M. E. **Gruner**, Ingénieur civil des Mines, Secrétaire du Comité central des Houillères.

PRÉSIDENTS D'HONNEUR :

Allemagne. — M. le Dr **Bödiker**, Président de l'Office impérial des Assurances.

Autriche. — M. **Schüler**, de la Chambre des Seigneurs.

Belgique. — M. **Sainctelette**, ancien Ministre, Député.

Espagne. — M. Segismundo **Moret**, ancien Ministre.

Etats-Unis. — M. **Carroll D. Wright**, Chef du Département du Travail, à Washington.

France. — M. **Engel-Gros**, Présid^t de l'Association de Mulhouse pour prévenir les accidents.

M. Léon **Say**, Député, membre de l'Institut et de l'Académie française.

M. Jules **Simon**, Sénateur, de l'Académie française, Secrétaire perpétuel de l'Académie des Sciences morales et politiques.

Italie. — M. L. **Luzzatti**, Député, Professeur à l'Université de Padoue, Ministre du Trésor.

Norvège. — M. **Bœtzmann**, Commissaire général de Norvège.

Suisse. — M. Numa **Droz**, Conseiller fédéral, Chef du Départ^t fédéral des Affaires étrangères.

MEMBRES :

Allemagne. — MM. **Bodenheimer**, ancien Conseiller d'Etat en Suisse, Publiciste.

A. **Dollfus**, Président de la Société Industrielle de Mulhouse.

le Dr **von Mayr**, ancien Sous-Secrétaire d'État.

Th. **Möller**, membre du Reichstag.

Angleterre. — M. Alfred Edward **Bateman**, Chef du Département commercial au Board of Trade, Secrétaire honoraire de la Société royale de Statistique de Londres.

Autriche. — MM. le Dr Julius **Kaan**, Senior, Chef du Service des assurances au Ministère de l'Intérieur, à Vienne.

Fraenzl von Vesteneck, Direct^r de l'Établ. des Assurances, à Salzbourg.

Belgique. — MM. Ch. **Dejace**, Professeur à l'Université de Liège, Président de la Société belge d'Economie sociale.

Morisseaux, Directeur de l'Industrie au Ministère de l'Industrie, etc.

Danemark. — M. Marius **Gad**, Chef du Bureau de Statistique du royaume.

États-Unis. — MM. le Dr E. **Gould**, expert du Département du Travail.

Somerville **Pinkney Tuck**, Counsellor at law.

le Général Amasa Francis **Walker**, Président de l'Association américaine de Statistique, membre de l'Institut international de Statistique.

France. — MM. **Acloque**, Président de l'Association de l'Industrie française.

Aynard, Député, ancien Présid^t de la Société d'Econ. polit. et sociale de Lyon.

Bertrand, Présid^t du Conseil des Ch. synd. de l'Industrie et du Bâtiment.

Béziat d'Audibert, Vice-Président de l'Institut des Actuaires.

(Voir la suite page 3 de la couverture).

RÉSULTATS STATISTIQUES

DES CINQ PREMIÈRES ANNÉES D'APPLICATION

DES LOIS D'ASSURANCE OBLIGATOIRE

CONTRE LES ACCIDENTS

EN ALLEMAGNE

(1886-1890)

PAR E. GRUNER

INGÉNIEUR CIVIL DES MINES

Extrait du *Bulletin du Comité permanent du Congrès des Accidents du travail*
(2ᵉ année, nᵒ 6, Novembre-Décembre 1891)

PARIS

SECRÉTARIAT GÉNÉRAL DU COMITÉ

20, RUE LOUIS-LE-GRAND, 20

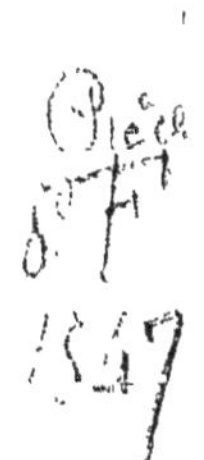

IMPRIMERIE
CONTANT-LAGUERRE
LVX IN VIAM
BAR LE-DUC

RÉSULTATS STATISTIQUES

DES CINQ PREMIÈRES ANNÉES D'APPLICATION

DES LOIS D'ASSURANCE OBLIGATOIRE

CONTRE LES ACCIDENTS

EN ALLEMAGNE.

(1886-1890).

Nous avions dans la 1re année du Bulletin (pages 103 et suivantes) résumé les données statistiques relatives aux trois premières années d'application des lois d'assurance contre les accidents (1886, 1887 et 1888) et nous avions donné quelques chiffres provisoires relatifs à 1889.

Nous avons pensé qu'il serait intéressant de reprendre ce travail en l'étendant et en groupant tous les chiffres principaux relatifs aux résultats définitifs des cinq premiers exercices (1886 à 1890).

Il serait trop long d'analyser l'un après l'autre tous ces tableaux. Nous croyons préférable de les laisser parler par eux-mêmes et nous nous contenterons de les faire suivre de courtes notes explicatives qui en faciliteront l'intelligence.

L'organisation dont nous donnons les résultats fonctionne par application des lois suivantes :

1° Loi sur l'*assurance contre les accidents* (concernant principalement les ouvriers industriels) (6 juillet 1884).

2° Loi sur l'*extension de l'assurance contre les accidents et les maladies* (grandes entreprises de transport sur terre, administrations militaires, etc.) (28 mai 1885).

3° Loi sur l'*assurance contre les accidents survenant dans l'exercice de leurs fonctions aux fonctionnaires et personnes appartenant à l'armée* (15 mars 1886).

4° Loi sur l'*assurance contre les accidents et les maladies des personnes employées dans les exploitations agricoles et forestières* (5 mai 1886).

5° Loi sur l'*assurance contre les accidents des personnes occupées aux constructions* (11 juillet 1887).

6° Loi sur l'*assurance contre les accidents des marins et autres personnes occupées à la navigation sur mer* (13 juillet 1887.)

I. — CORPORATIONS INDUSTRIELLES.

1° STATISTIQUE ADMINISTRATIVE.

NOMBRE des :	1886.	1887.	1888.	1889.	1890.
Corporations	62[1]	62	64[2]	64	64
Sections	366	366	366	365	358
Membres des Conseils de corporations et sections	3.098	3.062	2.785	2.746	2.719
Hommes de confiance	6.501	6.750	7.320	8.097	7.498[3]
Inspecteurs techniques	39	79	124	152	146
Tribunaux arbitraux	404	405	414	413	411
Délégués ouvriers	2.445	2.407	2.951	2.826	2.887
Usines et chantiers	269.174	319.453	350.697	372.236	390.622
Personnes assurées	3.473.435	3.861.560	4.320.663	4.742.548	4.926.672

[1] Les 62 premières corporations ont été créées en vertu de la loi sur l'assurance contre les accidents du 6 juillet 1884 qui a été mise en exécution à partir du 1er octobre 1885.

[2] L'augmentation du nombre des corporations est due :

1° A la création de la corporation des marins (en application de la loi du 18 juillet 1887).

2° A la création de la corporation des personnes occupées aux constructions (en application de la loi du 11 juillet 1887).

[3] La réduction du nombre des hommes de confiance entre 1889 et 1890 porte principalement sur la corporation des conducteurs (n° 59) qui n'avait, en 1889, pas moins de 1.405 hommes de confiance pour 64.700 assurés (un homme de confiance par 45 assurés); le nombre des hommes de confiance a été ramené, en 1890, à 792.

2° STATISTIQUE FINANCIÈRE.

1° Résultats généraux.

	1886.	1887.	1888.	1889.	1890.
	Marcs.	Marcs.	Marcs.	Marcs.	Marcs.
Salaire total entrant en compte...............	2.228.338.865	2.389.349.536	2.646.092.665	2.947.138.404	3.183.823.207
Secours et indemnités annuelles payés..........	1.711.700	5.373.496	8.662.789	12.278.152	16.330.383
Frais d'administration courante [1] ....,....	2.324.294	2.897.166	3.277.221	3.549.412	3.700.198
— d'enquête, de justice arbitrale et de protection [1]..........	277.247	725.619	832.755	966.379	1.153.047
— de premier établissement.............	590.133	225.674	122.041	58.143	15.434
Versements annuels au fonds de réserve [2]......	5.401.878	9.935.439	12.311.948	12.759.214	12.105.062
Dépenses totales annuelles.................	10.305.253	19.157.394	25.206.753	29.611.299	33.304.125
Recettes totales annuelles.................	12.381.958	22.266.484	29.326.690	35.795.901	40.793.194
Excédant disponible à la fin de chaque année....	»	3.109.089	4 119.937	6.184.602	7.489.069
Fonds de réserve à la fin de chaque année.......	»	15.720.842	28.308.597	4'.885.866	55.333.706

[1] Il y a lieu de remarquer l'accroissement continu, d'année en année, des frais d'administration, de justice et de protection.

Si on ne regarde que les frais de protection,
ils ont été de   69.933 marcs en 1886,
        361.589   —   1887,
        328.387   —   1888,
        304.589   —   1889,
        341.525   —   1890.

Par conséquent, l'accroissement de 1887 à 1890 ne provient pas des frais de protection, mais exclusivement des frais d'enquête et de justice qui de 364.030 marcs en 1887 ont passé à 811.522 marcs en 1890.

[2] Nous rappelons qu'en vertu de l'article 18 de la loi d'assurances contre les accidents, pour constituer le fonds de réserve, il a été perçu :

la 1re année, en 1886, 300 p. 100 des dépenses comme secours et indemnités.

	la 2[e]	—	1887, 200	—	—
	la 3[e]	—	1888, 150	—	—
	la 4[e]	—	1889, 100	—	—
	la 5[e]	—	1890, 80	—	—
Il sera perçu,	la 6[e]	—	1891, 60	—	—
	la 7[e]	—	1892, 50	—	—
	la 11[e]	—	1896, 10	—	—

et à partir de la 12e année, la réserve ne s'alimentera plus qu'avec ses seuls intérêts.

2° Résultats proportionnels.

1° Dépenses par 1.000 marcs de salaire et par an.

	1886.	1887.	1888.	1889.	1890.
	Marcs.	Marcs.	Marcs.	Marcs.	Marcs.
Secours et indemnités payés................	0,76	2,25	3,27	4,17	5,13
Frais d'administration courante............	1,04	1,21	1,24	-1,20	1,16
— d'enquête, de justice arbitrale et de mesures de protection............	0,12	0,30	0,31	0,32	0,36
— de premier établissement.............	0,26	0,09	0,05	0,02	0,004
Versement au fonds de réserve...........	2,43	4,16	4,65	4,33	3,80
Dépense totale annuelle pour l'ensemble des corporations industrielles [1].............	4,61	8,01	9,52	10,04	10,454
Dépense totale annuelle pour :					
La corporation minière..............	8,91	15,15	16,95	16,38	16,30
La corporation des carrières...:......	8,78	12,96	17,08	19,25	17,45
La corporation des usines et laminoirs de Westphalie..........................	4,49	9,93	12,93	12,52	12,78
La corporation des ateliers de construction et de la petite mécanique de Westphalie...........................	3,73	7,07	8,13	8,30	8,95
La corporation chimique.............	6,18	12,07	12,20	12,20	11,74
La corporation textile d'Alsace-Lorraine.	1,69	3,24	3,08	3,18	3,60
La corporation du bois pour le Sud-Ouest.	7,87	9,55	9,61	10,69	10,40
La corporation westphalienne de la construction...........................	5,58	5,80	9,63	15,00	11,80

[1] Il y a lieu de remarquer que les variations du quotient, c'est-à-dire la dé-

pense annuelle par 1.000 m. de salaires, sont influencées par les variations simultanées des deux facteurs :

Le dividende augmente puisque les charges croissent d'année en année; le diviseur a augmenté en fait dans ces dernières années, par suite de la hausse générale de tous les salaires; ainsi, tandis que le salaire moyen était en 1887 de 618 m. par an, il est monté en 1890 à 646 m.

Cette progression des salaires atténue dans une certaine mesure le poids de ces dépenses annuelles : c'est là un fait qu'il est important de remarquer.

Pour certaines corporations, l'augmentation des salaires a été telle, de 1887 à 1890, qu'elle couvre complètement et ne laisse pas ressortir les augmentations résultant de l'application de la loi.

Il est peu de corporations où le fait soit plus saillant que dans la corporation minière, où le salaire annuel, entrant en ligne de compte, a passé de 741 m. en 1887 à 900 m. en 1890; c'est donc une hausse de 20 p. 0/0 qui s'est produite.

Si cette augmentation de salaire, anormale et sans doute pour une partie au moins transitoire, ne s'était pas produite, la dépense totale annuelle par 1.000 m. de salaire, au lieu de rester constante et même de diminuer légèrement, comme cela paraît, serait montée notablement et aurait été de 20 m. 20 au lieu de 16 m. 30.

On voit donc que si les résultats proportionnels ont quelque intérêt, ils ne doivent être admis qu'avec beaucoup de réserve, en raison de ces variations spéciales qui voilent les variations que l'on cherche à mettre en lumière.

2° Dépenses par ouvrier assuré et par an.

	1886.	1887.	1888.	1889.	1890.
	Marcs.	Marcs.	Marcs.	Marcs.	Marcs.
Secours et indemnités payés................	0,49	1,39	2,01	2,58	3,31
Frais d'administration courante............	0,67	0,75	0,75	0,75	0,75
— d'enquêtes, de justice arbitrale et de mesures de protection.............	0,08	0,18	0,19	0,20	0,23
— de premier établissement.............	0,17	0,06	0,03	0,01	0,003
Versement au fonds de réserve............	1,56	2,58	2,85	2,69	2,45
Dépense totale annuelle pour l'ensemble des corporations industrielles	2,97	4,96	5,83	6,23	6,743
Dépenses totales annuelles pour :					
La corporation minière................	6,50	11,23	13,18	13,54	14,60
La corporation des carrières...........	5,74	4,20	5,64	6,18	5,73
La corporation des usines et laminoirs de Westphalie......................	4,30	9,66	12,68	12,84	13,44

Dépenses par ouvrier assuré et par an (suite).

	1886.	1887.	1888.	1889.	1890.
Dépenses totales annuelles pour :	Marcs.	Marcs.	Marcs.	Marcs.	Marcs.
La corporation des ateliers de construction et de la petite mécanique de Westphalie..................................	3,05	5,84	7,09	7,42	8,05
La corporation chimique................	4,75	9,23	9,43	9,54	9,50
La corporation textile d'Alsace-Lorraine.	1,26	1,92	1,85	1,90	2,18
La corporation du bois pour le Sud-Ouest.	5,09	6,41	5,83	6,14	5,53
La corporation westphalienne de construction..................................	3,92	3,59	5,84	9,22	7,41

Ce tableau fait mieux ressortir que le précédent les augmentations réelles résultant de l'application des lois sociales, car si le diviseur (nombre des ouvriers) augmente, c'est qu'il y a eu développement d'activité industrielle.

Ainsi, tandis que pour la corporation minière, dans le tableau précédent, l'augmentation de la main-d'œuvre a complètement voilé depuis trois ans l'augmentation des charges, il n'en est pas de même dans le tableau ci-dessus.

3° Montant des frais de gestion par rapport aux secours et indemnités et par rapport aux dépenses totales annuelles.

ANNÉES.	FRAIS DE GESTION.	SECOURS et INDEMNITÉS.	FRAIS DE GESTION par 100 marcs d'indemnités et secours.	DÉPENSES TOTALES annuelles.	FRAIS DE GESTION par 100 marcs de dépenses annuelles.
	Marcs.	Marcs.	P. 0/0.	Marcs.	P. 0/0.
1886............	3.191.674	1.711.700	188	10.305.253	31
1887............	3.848.459	5.373.496	71	19.157.394	20
1888............	4.232.017	8.662.789	48	25.206.753	17
1889............	4.573.931	12.278.152	37	29.611.299	15
1890............	4.868.679	16.330.383	29	33.304.125	14 1/2

Quoique le nombre des corporations reste constant et que les dépenses de premier établissement disparaissent, les frais de gestion croissent rapidement d'année en année.

Chaque année nouvelle apportant une fournée nouvelle de pensions et de secours qui viennent s'ajouter aux pensions antérieures qui ne s'éteignent que lentement, il était naturel de voir diminuer d'année en année le rapport des frais de gestion aux indemnités et secours payés, et il est certain que ce rapport est appelé à baisser encore notablement.

Chaque année, le versement aux fonds de réserve diminue; de 300 p. 0/0, le chiffré des secours et indemnités annuels, la première année (1886), il est descendu successivement à 200 p. 0/0 en 1887, 150 p. 0/0 en 1888, 100 p. 0/0 en 1889, 80 p. 0/0 en 1890, aussi voit-on les dépenses totales annuelles ne croître que beaucoup plus lentement que les dépenses pour secours et indemnités. Si on rapproche les frais de gestion de ces dépenses totales annuelles, on voit les rapports successifs diminuer, mais aussi varier de moins en moins; il semble probable dès maintenant que les frais de gestion ne descendront guère au-dessous de 12 à 13 p. 0/0 des dépenses totales annuelles, et qu'ils resteront, par conséquent, entre 16 et 18 p. 0/0 des indemnités et secours annuels, quand l'état normal d'équilibre sera atteint pour les pensions.

4° Montant des frais courants d'administration en 1890.

DÉSIGNATION DES CORPORATIONS.	Par PERSONNE assurée.	Par 1.000 MARCS de salaire.	Par ÉTABLISSE-MENT assuré.	Par ACCIDENT signalé dans l'année.	Par ACCIDENT indemnisé dans l'année.
	Marcs.	Marcs.	Marcs.	Marcs.	Marcs.
Corporation minière	0,55	0,61	115,38	7,56	61,1
— des carrières	0,60	1,83	10,09	37,71	127,2
— de la mécanique de précision	0,72	0,83	20,88	33,68	247,7
— du fer et de l'acier de l'Allemagne du Sud	0,57	0,70	8,48	13,76	83,1
— id. du Sud-Ouest	0,55	0,64	50,40	5,44	93,5
— des usines et laminoirs de Westphalie	0,40	0,38	140,96	3,74	44,3
— des ateliers de construction et de la petite mécanique de Westphalie	0,73	0,79	12,12	13,22	104,0
— du fer et de l'acier de Saxe	0,84	0,99	18,97	15,13	104,8
— — — du Nord-Est	0,86	0,94	20,24	15,79	123
— — — de Silésie	0,63	0,96	35,82	10,60	83,10
— — — du Nord-Ouest	0,69	0,78	15,37	8,98	94,4
— de métaux nobles de l'Allemagne du Sud	0,41	0,54	8,68	32,58	183,7
— id. de l'Allemagne du Nord	0,48	0,66	14,76	25,32	155
— des instruments de musique	0,73	1,05	21,25	81,26	331
— de la verrerie	0,50	0,75	37,20	36,54	198
— de la poterie fine	0,39	0,59	25,64	47,25	223,7
— de la briqueterie	0,36	0,97	8,02	41,75	148
— des industries chimiques	1,28	1,58	24,98	39,88	200
— des usines à gaz	1,27	1,30	28,29	29,75	278
— de l'industrie du lin	0,44	0,81	44,35	33,84	165
— de l'industrie textile de l'Allemagne du Nord	0,30	0,54	16,73	24,79	140
— id. du Sud	0,35	0,60	29,34	26,17	133
— de l'industrie textile de Silésie	0,29	0,68	27,44	35,17	130
— id. d'Alsace-Lorraine	0,33	0,55	47,26	29,83	106
— id. de Westphalie	0,36	0,54	20,22	24,31	148

Montant des frais courants d'administration en 1890 (suite).

DÉSIGNATION DES CORPORATIONS.	Par PERSONNE assurée.	Par 1.000 MARCS de salaire.	Par ÉTABLISSE- MENT assuré.	Par ACCIDENT signalé dans l'année.	Par ACCIDENT indemnisé dans l'année.
	Marcs.	Marcs.	Marcs.	Marcs.	Marcs.
Corporation de l'industrie textile de Saxe...	0,24	0,45	10,64	25,17	111
— de l'industrie de la soie	0,20	0,32	13,97	36,69	266
— — des papeteries....	0,95	1,61	41,76	28,42	131
— des industries employant le pa- pier	0,79	1,12	23,50	59,36	323
— du cuir	0,77	0,98	15,12	45,86	213
— saxonne du bois	0,72	1,08	5,64	24,49	126
— du bois de l'Allemagne du Nord.	0,77	1,13	4,99	23,25	86
— bavaroise du bois............	0,96	1,28	5,42	24,93	84
— du bois de l'Allemagne du Sud.	0,83	1,56	4,68	39,46	158
— de la meunerie...............	2,27	3,79	5,16	84,00	272
— des industries alimentaires	0,78	1,08	3,76	39,96	154
— des sucreries.................	0,46	1,16	99,48	18,79	106
— des distilleries...............	1,38	2,28	7,56	64,20	276
— des brasseries	1,68	1,71	21,35	25,28	141
— des tabacs...................	0,26	0,54	5,85	114,59	593
— des vêtements................	0,24	0,44	8,78	36,01	164
— des ramoneurs...............	3,56	6,02	6,43	259,30	1862
— hambourgeoise de la construction.	1,26	1,71	7,74	41,88	262
— de la construction pour l'Alle- magne du Nord-Est	1,33	2,04	12,49	55,85	190
— de la constructⁿ pour la Silésie...	0,73	1,53	7,78	29,79	123
— — pour le Hanovre.	1,46	1,73	5,19	44,81	241
— — de Magdebourg..	0,34	1,20	5,84	30,81	196
— saxonne de construction	0,73	1,17	8,10	28,05	178
— de construction de la Thuringe..	0,69	1,49	4,79	37,17	160
— id. de la Hesse et du Nassau...	0,96	1,74	5,55	36,74	184
— id. de la Westphalie..........	0,88	1,42	5,82	37,66	157
— id. du Wurtemberg	0,75	1,61	2,00	34,88	120
— id. de la Bavière.............	0,54	1,02	3,62	15,67	70
— id. du Sud-Ouest	1,16	1,85	6,22	44,36	197
— des imprimeurs	0,70	0,74	10,02	59,78	367
— des chemins de fer privés......	0,63	0,74	141,42	15,28	115
— des tramways................	0,66	1,29	90,02	21,31	314
— des employés aux expéditions..	2,42	2,62	9,96	54,57	248
— des conducteurs...............	2,54	3,89	6,32	73,65	244
— de la navigation intérieure de l'Ouest.....................	2,38	2,94	9,07	60,53	314
— id. de l'Elbe.................	1,56	2,28	6,53	49,07	206
— id. de l'Est.................	0,83	1,78	2,29	55,25	170
— des marins	1,30	2,29	31,59	36,61	205
— des puisatiers................	0,91	2,03	16,18	54,09	153
MOYENNE en 1890..........	0,75	1,16	9,47	24,80	144
— en 1889..........	0,75	1,20	9,51	25,37	161

L'Office impérial des assurances calcule chaque année le montant des frais courants d'administration : .

1° par personne assurée ;

2° par 1.000 marcs de salaire ;

3° par établissement assuré ;

4° par accident signalé dans l'année.

Il nous a paru intéressant — et plus caractéristique encore — de faire aussi ce même calcul :

5° par accident indemnisé dans l'année.

Nous avons déjà étudié, avec quelque détail, dans le Bulletin n° 3-4 de cette année, la question des frais de gestion, en nous basant sur les résultats de 1889. L'étude des résultats de 1890 confirme entièrement nos conclusions précédentes.

En moyenne — pour l'ensemble des 64 corporations — les frais courants d'administration par accident indemnisé montent à 144 marcs (180 fr.);

et l'ensemble des frais de gestion, par accident indemnisé, monte à 188 marcs (235 fr.).

Il faudrait pouvoir opposer à ce chiffre la valeur moyenne de l'indemnité par accident indemnisé; malheureusement les états de statistique ne fournissent pas d'une façon précise cet élément, puisqu'ils groupent, dans un même total, les pensions nouvellement créées et les secours applicables aux accidents récents — c'est-à-dire ceux auxquels s'appliquent la plus forte part des frais de gestion —, avec les pensions anciennes pour lesquelles l'administration postale continue à faire sans frais le service des arrérages.

Si cependant on majore l'augmentation des chiffres des secours et indemnités entre 1889 et 1890 (16.330.383 — 12.278.152 = 4.052,231) d'environ 20 p. 0/0, soit 800.000 m. pour tenir compte des pensions éteintes en 1890, on doit obtenir sensiblement le chiffre des secours et pensions attribuables à 1890, qui serait donc de 5 millions de marcs; on peut opposer ce chiffre aux 4.900.000 marcs de frais de gestion. Par conséquent, il semble certain que, par accident, les frais de gestion des corporations montent sensiblement au même chiffre que les indemnités et pensions créées chaque année; c'est-à-dire que *pour établir un secours ou une pension moyenne de 190 à 200 marcs, il faut 190 à 200 marcs de frais,* en moyenne, pour l'ensemble des corporations.

Il suffit de jeter un coup d'œil sur le tableau précédent pour voir que si, en moyenne, les frais sont de 100 p. 0/0, ils dépassent 150, 200 et parfois 300 p. 0/0 dans celles des corporations où les accidents sont peu nombreux, et où les ateliers ne comptent qu'un petit nombre d'ouvriers.

L'étude de ce tableau confirme complètement les conclusions du travail paru dans le Bulletin n° 3-4 — Sur l'organisation corporative et ses limites —;

　　　　　RÉSULTATS STATISTIQUES

pour qu'elle soit économique, il faut qu'elle s'applique à des industries groupées territorialement, exercées dans des ateliers très peuplés, et qui soient moyennement sinon même très dangereux.

3° STATISTIQUE DES ACCIDENTS.

a) CONSÉQUENCES DES ACCIDENTS.

1° *Résultats généraux.*

	1886.	1887.	1888.	1889.	1890.
Nombre total des accidents signalés...............	82.596	105.897	121.164	139.549	149.188
— des accidents motivant indemnités.....	9.723	15.970	18.809	22.340	26.403
— des incapacités de 13 semaines à 6 mois.	1.973	2.061	3.710	3.839	4.828
— des incapacités partielles permanentes..	3.780	8.126	10.270	12.788	16.109
— des incapacités totales permanentes....	1.548	2.827	1.886	2.331	1.869
— des accidents mortels.................	2.422	2.956	2.943	3.382	3.597
— des survivants des per- (Veuves......	1.567	1.892	1.842	2.110	2.149
sonnes tuées ayant { Enfants......	3.481	4.229	4.184	4.697	4.724
droit à indemnités.. (Ascendants...	173	197	157	212	201

b) CAUSES ET CONDITIONS DES ACCIDENTS.

	1886.	1887.	1888.	1889.	1890.
1re *classe* :					
Moteurs, transmissions, machines-outils..........	2.304	3.610	4.196	4.752	5.922
Elévateurs, ascenseurs, grues, etc...............	1	1	493	638	766
Chaudières à vapeur, conduites de vapeur, appareils de chauffage à vapeur (explosions, etc.)..........	44	87	88	197	159
Matières explosives (explosions de poudre, dynamite, etc.)..............................	285	460	421	371	348
Matières inflammables, chaudes et caustiques, gaz, vapeur, etc.....................	488	477	638	676	869
2e *classe* :					
Chutes d'objets, chocs, etc.....................	2 206	3.072	3.407	4.076	4.578
Chutes d'échafaudages, d'échelles (par des trous, dans des fosses, etc.).....................	1.820	2.924	3.121	3.735	4.144
Chargements et déchargements à la main, levage et transport, etc.....................	¹ 1.717	¹ 3.246	2.143	2.363	3.191
Transport par véhicules de toutes natures..........	»	»	1.073	1.439	1.642
Exploitation des chemins de fer..................	»	»	620	862	905
Navigation et transport par eau..................	»	»	209	286	369
Accidents dus à des animaux, y compris ceux survenus en conduisant.....................	862	2.094	192	222	288
Travail à la main, ou avec outils simples (marteaux, bêches, pioches, etc.).....................	»	»	1.260	1.383	1.563
Divers..	»	»	948	1.340	1.659
	9.723	15.970	18.809	22.340	26.403

b) CAUSES ET CONDITIONS DES ACCIDENTS (*Suite*).

	1886.	1887.	1888.	1889.	1890.
RÉSUMÉ :					
1re *classe.* — Blessures causées par des machines ou des matières dangereuses......................	3.118	4.634	5.836	6.634	8.064
2º *classe.* — Blessures causées pour toutes autres causes...................................	6.605	11.336	12.973	15.706	18.339
Ou :	°/₀	°/₀	°/₀	°/₀	°/₀
1re *classe*...............................	32	30	31	30	31
2e *classe*................................	68	70	69	70	69

Ainsi d'année en année, malgré l'extension donnée à l'application des lois d'assurance obligatoire, on voit qu'il y a toujours environ 70 p. 0/0 des accidents qui sont indépendants des machines, appareils ou matières dangereuses employées et qui ne sont que le résultat du travail et des manutentions ordinaires.

a) CONSÉQUENCES DES ACCIDENTS.

2° *Résultats proportionnels*.

a) *Proportion par 1.000 ouvriers et par an.*

	1886.	1887.	1888.	1889.	1890.
1º *Pour l'ensemble des corporations industrielles :*					
Nombre total des accidents signalés...............	26,91	27,42	28,04	29,42	30,28
— des accidents motivant indemnités.....	2,83	4,14	4,35	4,70	5,36
— des incapacités de 13 semaines à 6 mois.	0,57	0,53	0,85	0,81	0,97
— des incapacités partielles permanentes.	1,10	2,11	2,38	2,69	3,26
— des incapacités totales permanentes...	0,45	0,73	0,43	0,48	0,38
— des accidents mortels...............	0,70	0,77	0,68	0,71	0,75
2º *Pour la corporation minière :*					
Nombre total des accidents signalés...............	64,87	71,15	74,19	72,02	72,49
— des accidents motivant indemnités.....	6,17	8,30	7,69	8,43	8,54
— des incapacités de 13 semaines à 6 mois.	1,40	1,43	1,26	0,89	1,13
— des incapacités partielles permanentes..	1,42	2,75	2,82	3,64	4,12
— des incapacités totales permanentes....	1,22	1,66	1,53	1,72	1,20
— des accidents mortels...............	2,13	2,46	2,08	2,17	2,06

Les *accidents mortels* varient peu d'une année à l'autre.

Après avoir très largement accordé des pensions pour *incapacités totales permanentes*, les conseils de corporations préoccupés de la croissance rapide des charges deviennent d'année en année plus sévères; — en 1890, ils n'accordent déjà plus que la moitié des pensions pour invalidités totales qu'ils accordaient en 1887.

Par contre, les conseils continuent à accorder des pensions toujours plus nombreuses pour *incapacités partielles*. Ce qui n'apparaît pas dans la statistique générale, mais ce qui ressort des rapports spéciaux de plusieurs corporations, c'est que si les pensions sont plus nombreuses, elles sont aussi d'année en année moins élevées; les tares sont maintenant cotées à un taux moindre qu'à l'origine.

Les conseils prolongent aussi volontiers la période d'observation avant de prendre une décision; c'est ce qui ressort de l'augmentation du nombre des secours au delà de 3 mois.

Il n'en reste pas moins que plus la loi est connue, plus augmente le nombre des accidents dont on constate l'existence, et le nombre de ceux pour lesquels les indemnités sont accordées.

b) Proportion par 100 accidents signalés.

1° *Pour l'ensemble des corporations industrielles :*	1886.	1887.	1888.	1889.	1890.
Nombre total des accidents signalés	100	100	100	100	100
— des accidents motivant indemnité	11,76	15,06	15,54	15,98	17,69
— des incapacités de 13 semaines à 6 mois.	2,38	1,94	3,06	2,75	3,24
— des incapacités partielles permanentes..	4,58	7,66	8,48	9,16	10,79
— des incapacités totales permanentes ...	1,87	2,66	1,55	1,66	1,25
— des accidents mortels.	2,93	2,79	2,43	2,41	2,41

II. — CORPORATIONS AGRICOLES.

1° STATISTIQUE ADMINISTRATIVE.

NOMBRE DES :	1888.	1889.	1890.
Corporations..	22 [1]	48	48
Sections..	549	552	553
Membres des conseils de corporations et sections........	3.418	3.603	3.608
Hommes de confiance...................................	8.046	13.324	14.225
Inspecteurs techniques.................................	1	5	2
Établissements...	3.046.007	4.753.808	4.843.621
Personnes assurées....................................	5.576.765 [2]	8.088.698 [2]	8.088.698 [2]

[1] L'année 1888 est celle de l'organisation des corporations agricoles par application de la loi du 5 mai 1886. Les institutions n'ont commencé à fonctionner que progressivement dans le cours de cet exercice. Aussi les résultats, incomplets au point de vue de l'organisation administrative, puisque 22 corporations

sur 48 ont seules été constituées, ont été plus incomplets encore au point de vue de la constatation des accidents.

[2] Ce chiffre est emprunté au recensement professionnel du 5 juin 1882. Il a été jusqu'ici impossible d'obtenir un chiffre plus exact du nombre de personnes auxquelles s'applique la loi d'assurance obligatoire pour les travaux agricoles. En 1888, on n'avait pris que le personnel agricole des régions où l'assurance était organisée.

2° STATISTIQUE FINANCIÈRE.

RÉSULTATS GÉNÉRAUX [1].

	1888.	1889.	1890.
	Marcs.	Marcs.	Marcs.
Salaires entrant en compte....................	?	?	?
Secours et indemnités annuelles payés.................	42.860	678.259	1.878.458
Frais d'administration courante [2]......................	269.387	596.221	859.467
— d'enquête, de justice arbitrale et de protection......	12.385	106.486	222.564
— de premier établissement	123.733	175.199	19.644
Versements annuels au fonds de réserve................	13.431	158.163	412.634
Dépenses totales annuelles...........................	461.796	1.714.328	3.392.787
Recettes totales annuelles...........................	463.222	1.825.214	3.623.252
Excédent disponible à la fin de chaque année...........	177.819	491.068	686.280
Fonds de réserve à la fin de chaque année.............	13.431	171.682	569.521

[1] L'absence de données précises sur les salaires entrant en ligne de compte et sur le nombre des ouvriers assurés ne permet pas de calculer les résultats proportionnels, ainsi que nous l'avons fait pour les corporations industrielles.

[2] Comme pour les corporations industrielles, les frais d'administration et ceux de justice croissent d'année en année très rapidement.

3° STATISTIQUE DES ACCIDENTS.

a) CONSÉQUENCES DES ACCIDENTS.

1° *Résultats généraux.*

	1888.	1889.	1890.
Nombre total des accidents signalés...................	5.102	19.542	32.186
— des accidents motivant indemnité..........	808	6.631	12.573
— des incapacités de 13 semaines à 6 mois...	231	2.340	4.854
— des incapacités partielles permanentes.....	180	2.663	5.404
— des incapacités totales permanentes........	43	260	438
— des accidents mortels..................	354	1.368	1.877
— des survivants de personnes (Veuves......	226	832	1.128
tuées ayant droit à indem- { Enfants.....	373	1.507	1.883
nités.................. (Ascendants..	6	39	66

Le nombre considérable et la gravité des accidents agricoles, souvent mis en doute, apparaissent d'une façon évidente à la lecture du tableau ci-dessus. Ces chiffres sont un argument puissant en faveur de l'extension des lois d'assurance obligatoire; il semble difficile d'agir pour les accidents des corporations industrielles dont 28 à 30 p. 0/0 au plus dépendent des machines et matières employées, si on ne fait rien pour les accidents des travailleurs ruraux et agricoles.

b) CAUSES ET CONDITIONS DES ACCIDENTS.

	1888.	1889.	1890.
1re *classe* :			
Moteurs, transmissions, machines-outils..............	92	1.014	1.756
Élévateurs, ascenseurs, grues, etc....................	1	5	34
Chaudières à vapeur, conduites de vapeur, appareils de chauffage à vapeur (explosions, etc.)...............	1	1	»
Matières explosibles (explosion de poudre, dynamite, etc.).	4	26	41
Matières inflammables, chaudes, caustiques, gaz, vapeur, etc..	1	15	18
2e *classe* :			
Chutes d'objets, chocs, etc...........................	47	648	1.027
Chutes d'échafaudages, d'échelles, par des trous, dans des fosses, etc...	211	1.562	3.061
Chargement, déchargement à la main, levage et transport, etc...	20	286	634
Transport par véhicules de toute nature...............	204	1.447	2.559
Exploitation des chemins de fer.......................	3	12	22
Navigation et transport par eau	2	31	38
Accidents dus à des animaux, y compris ceux survenus en conduisant..	131	716	1.518
Travail à la main, ou avec outils simples (marteaux, bêches, pioches, etc.)..................................	32	345	693
Divers..	59	553	1.172
	5.102	19.542	32.186
RÉSUMÉ :			
1re *classe*. — Blessures causées par des machines ou des matières dangereuses................................	99	1.061	1.849
2e *classe*. — Blessures causées par toutes autres causes..	5.003	18.481	30.337
Ou :	°/°	°/°	°/°
1re *classe*..	2	5	6
2e *classe*..	98	95	94

a) Conséquences des accidents.

2° Résultats proportionnels.

a) *Proportion par 1.000 ouvriers et par an*[1].

[1] Il serait sans intérêt de calculer dans l'état actuel des données statistiques, pour les ouvriers agricoles, la proportion des accidents, par 1.000 ouvriers et par an, puisque jusqu'ici, et même encore en 1890, après trois ans d'application de la loi d'assurance, on n'a aucune indication précise sur le nombre d'ouvriers auxquels s'applique la loi. On fait figurer invariablement d'année en année comme nombre de personnes assurées, le nombre des ouvriers agricoles figurant au recensement professionnel du 5 juin 1882.

b) *Proportion par 100 accidents signalés*[2].

	1888.	1889.	1890.
Nombre total des accidents signalés	100	100	100
— des accidents motivant indemnités	15,84	34,00	39,30
— des incapacités de 13 semaines à 6 mois	4,54	12,00	15,17
— des incapacités partielles permanentes	3,56	13,66	16,90
— des incapacités totales permanentes	0,84	1,33	1,37
— des accidents mortels	6,94	7,01	5,86

[2] La proportion très élevée par rapport aux accidents signalés, des accidents indemnisés, et parmi les accidents indemnisés des accidents mortels, montre que jusqu'ici dans les corporations agricoles, les accidents ne sont, le plus souvent, signalés que quand ils présentent une certaine gravité.

Il est intéressant de rapprocher les chiffres proportionnels des corporations industrielles et des corporations agricoles; dans les corporations industrielles 16 à 17 p. 0/0 des accidents signalés entraînent indemnités, tandis qu'on a, en 1890, dans les corporations agricoles, un chiffre qui est deux fois plus élevé et qui atteint 39 p. 0/0.

III. — ADMINISTRATIONS PUBLIQUES.

(Administrations d'Empire, d'États, de Provinces ou de Communes.)

1° STATISTIQUE ADMINISTRATIVE.

	1886.	1887.	1888.	1889.	1890.
Nombre des administrations	47	48	174	285	316
— des personnes assurées	251.878	259.977	446.250	543.320	604.380

2° STATISTIQUE FINANCIÈRE.

	1886.	1887.	1888.	1889.	1890.
	Marcs.	Marcs.	Marcs.	Marcs.	Marcs.
Indemnités payées................	203.606	559.434	956.413	1.387.637	1.866.703
Frais d'administration et de première installation	1.989	560	2.847	6.192	8.014
Frais d'enquête, de justice arbitrale et de protection................	6.475	15.209	20.693	39.502	48 682
Total des dépenses.......	212.130	575.203	979.953	1.433.331	1.923.399

Ces administrations se composent de :

a) *Administrations d'Empire et d'États.*

1° 3 ports impériaux (Dantzig, Kiel et Wilhemshaven).

2° 20 intendances de corps d'armée.

3° 3 administrations des postes et télégraphes.

4° 20 directions des chemins de fer.

5° 8 directions de la navigation.

6° 50 directions des eaux et forêts.

7° 42 directions des domaines et bâtiments.

8° 10 directions de la navigation maritime.

156 directions occupant 578.884 personnes, en 1890.

b) *Administrations provinciales et communales.*

160 administrations diverses, occupant 25.496 personnes, en 1890.

Si nous examinons de plus près, pour 1890, les dépenses effectuées, nous voyons que les 156 administrations d'Empire ou d'États, ont dépensé, dans l'année, 1.907.256 marcs; tandis que les 160 administrations provinciales ou communales n'ont, entre elles toutes, dépensé que 16.144 marcs, dont 12.431 en indemnités, et le reste en frais. Il y a donc là un organisme très morcelé et qui n'est presque jamais appelé à fonctionner; en effet, ces 160 administrations n'ont eu, entre elles toutes, à s'occuper que de 50 cas de blessures, entraînant indemnités; il est vrai qu'elles n'occupent que 25.496 personnes, soit environ 159 personnes par administration, et il y a bon nombre d'organismes créés par 10, 12 et 15 personnes. L'existence de ces organismes dénote tout au moins un respect bien grand de la décentralisation et des prérogatives communales, singulier à constater à côté de la centralisation impériale.

IV. — ÉTABLISSEMENTS D'ASSURANCES DES CORPORATIONS D'ENTREPRENEURS DE CONSTRUCTION ET TRAVAUX PUBLICS[1].

	1888.	1889.	1890.
Nombre des établissements d'assurances [2]	13	13	13
Accidents pour lesquels des indemnités ont été accordées dans l'année	179	430	618
— ayant motivé des pensions et remontant aux années antérieures	»	171	523
Dépenses :	Marcs.	Marcs.	Marcs.
Indemnités payées dans l'année	19.385	120.256	239.774
Frais d'administration	151.234	202.399	267.991
— d'enquêtes, de justice arbitrale et de protection...	2.062	6.451	12.470
— de premier établissement	4.126	207	835
Versements au fonds de réserve	46.571	69.680	106.782
Total des dépenses	223.378	398.991	627.852
Recettes :			
Total des recettes	737.843	1.458.278	2 135.379
Capital :			
Capital représentatif des pensions disponible à la fin de l'année	3 514.465	1.059.287	1.507.527
Conséquences des accidents :			
Mort	47	75	89
Invalidité permanente totale	13	26	27
— — partielle	74	210	290
— passagère	45	119	212
Total	179	490	618
Nombre des veuves — des orphelins — des ascendants } des ouvriers tués dans l'année.	37 47 1	62 112 1	64 114 3
Total	85	175	181

[1] Ces établissements d'assurances ont été créés en exécution de la loi du 11 juillet 1887, et ont été adjoints aux anciennes corporations ; ils englobent spécialement les patrons et ouvriers des entreprises transitoires de travaux publics, qui liquident et disparaissent une fois l'entreprise achevée.

[2] En raison de l'organisation toute spéciale de ces établissements, il n'est pas

possible de donner d'indications statistiques précises sur le nombre annuel moyen des ouvriers occupés, ni sur les salaires entrant en ligne de compte, aussi tout calcul proportionnel est-il impossible.

[3] Les données manquent pour établir la comparaison entre le montant des pensions annuelles pour invalidités permanentes, et le montant du capital représentatif.

RÉSUMÉ.

Dans son ensemble, l'action des lois d'assurance contre les accidents peut être caractérisée par les chiffres suivants, relatifs à 1890 :

1° Le nombre de *personnes assurées* a été de. 13.619.750

2° Le nombre des *accidents signalés* a été de. 200.004

3° Le nombre des *accidents* pour lesquels il a été *accordé*, en 1890, *des indemnités* (non compris les accidents ayant antérieurement motivé constitution de pensions qui continuent à être servies) a été de 42.038

4° En particulier, le nombre des *accidents mortels* signalés dans l'année 1890 a été de. 6.047

Et ces victimes ont laissé :

Veuves. 3.687
Orphelins. 7.348
Ascendants. 302

TOTAL des *ayants-droit* 11.337

(Il est à remarquer qu'il ne s'agit ici que des orphelins et des ascendants étant dans les conditions d'âge et de position donnant droit à indemnité.)

5° Le nombre d'accidents suivis d'*incapacité permanente absolue* a été de 2.708

6° Il a été *distribué*, en 1890, à titre d'*indemnités* et de *pensions,* une somme de . . . . Marcs. 20.315.319 (soit environ 25.100.000 francs.)

7° Il a été *dépensé,* en *indemnités, pensions* et *frais,* en 1890, une somme de . . . . Marcs. 26.729.447 (soit environ 33.400.000 francs), ce qui fait ressortir les frais de gestion à 32 p. 0/0 des indemnités payées.

8° Il a été *prélevé,* pour faire face aux dépenses ou alimenter les fonds de réserve, en 1890, une somme de. . Marcs. 48.475.224 (soit environ 60.600.000 francs).

BAR-LE DUC, IMPRIMERIE CONTANT-LAGUERRE.

Suite de la liste des Membres du Comité.

France. — MM. **Cheysson**, Inspecteur général des Ponts-et-Chaussées.

Cornut, Ingénieur en chef de l'Assoc. des Propr. d'Appareils à vapeur de Lille.

de Cœne, Présid^t de l'Assoc. pour prévenir les accidents de fabrique, à Rouen.

Fernand **Daguin**, Secrétaire général de la Société de Législation comparée.

Léon **Faucher**, Ingénieur en chef des Poudres et Salpêtres, à Lille.

de Haut, de la Société nationale d'Agric. et de la Société des Agric. de France.

F. **Dujardin-Beaumetz**, Délégué du Comité central des Houillères de France.

Fuzier-Herman, ancien Magistrat, Directeur du Recueil Sirey.

Albert **Gigot**, Directeur de la Caisse syndicale d'Assurances des Forges.

Griolet, Vice-Présid^t du Cons. d'admin. de la Cie des Chemins de fer du Nord.

Claudio **Jannet**, Professeur d'Economie politique à la Faculté libre de Droit.

Octave **Keller**, Ingénieur en chef des Mines.

Laporte, Inspecteur divisionnaire du travail dans l'industrie, à Paris.

Léturgeon, Président de la Chambre syndicale de Maçonnerie.

Liébaut, Président honoraire de la Chambre syndicale des Mécaniciens, etc.

Lyon-Caen, Professeur à l'École de Droit.

Marestaing, Directeur de la Société d'assurances *La Préservatrice.*

Dr **Martin**, Secrétaire gén^{al} adj^t de la St^é d'Hygiène et de Médecine pratique.

J. **Meyrueis**, Délégué du Comité central des Chambres syndicales.

Dr **Napias**, Secrétaire gén^{-l} de la Société d'Hygiène et de Médecine pratique.

Olry, Ing^r en chef des Mines, Rapport de la Com. centr. des machines à vapeur.

Périssé, Prés^t de l'Assoc. des Indust^{ls} de France contre les accidents du travail.

Pinget, Secrétaire du Comité des Forges.

Baron **Reille**, Député, Président du Comité des Forges.

Reymond (Francisque), Sénateur, ancien Présid^t de la St^é des Ingén^{rs} civils.

Eugène **Rostand**, Président de la Caisse d'Epargne et de Prévoyance des Bouches-du-Rhône.

E. **Vermot**, Directeur de la Cie d'assurances *La Providence.*

H. **Schneider**, du Creusot, député, Vice-Président du Comité des Forges.

F. **Veyssier**, Délégué de l'Union des Chambres syndicales ouvrières de France.

Hollande. — M. **Westeroüen van Meeteren**, ancien Président de l'Association Néerlandaise pour prévenir les accidents du travail.

= M. **Mulder**, Docteur en droit, Avocat-Avoué près la Haute-Cour de Justice.

Hongrie. — M. Joseph **Korösi**, Dr du Bureau de Statistique de la ville de Buda-Pest.

Italie. — M. Luigi **Bodio**, Directeur général de la Statistique, Secrétaire général de l'Institut international de Statistique.

= M. **Annoni**, Sénateur, Directeur de la Caisse nationale d'Epargne de Milan.

Luxembourg (Grand-Duché du). — M. **Brasseur**, Député, Bâtonnier de l'Ordre des Avocats.

République Argentine. { M. François **Latzina**, Directeur du Bureau de la Statistique de la République Argentine, membre de l'Institut international de Statistique.

Russie. — MM. **de Keppen**, Ingénieur des Mines.

Arthur **Raffalovich**, Agent du Ministère des Finances de Russie à Paris.

Suède. — M. le Dr Elis **Sidenbladh**, Directeur du Bureau central de Statistique, membre de l'Institut international de Statistique.

Suisse. — MM. le Dr **Guillaume**, Directeur du Bureau fédéral de Statistique.

le Dr **Kummer**, Directeur du Bureau fédéral des Assurances.

CONGRÈS INTERNATIONAUX

DES

ACCIDENTS DU TRAVAIL

CONGRÈS DE PARIS.

PROCÈS-VERBAUX DES SÉANCES ET VISITES rédigés sous la direction de E. *Gruner*, secrétaire général du Congrès, 1 volume grand in-8° de 56 pages, Imprimerie Nationale, 1890. Prix : 2 fr.

COMPTES-RENDUS DU CONGRÈS INTERNATIONAL DES ACCIDENTS.

Tome I. — Rapports présentés sur la demande du Comité d'Organisation, réunis et publiés par les soins de E. *Gruner*, secrétaire général du Congrès, 1 volume grand in-8° de 516 pages.

Tome II. — Comptes-rendus complets des séances des trois sections, réunis et publiés par les soins de E. *Gruner*, secrétaire général du Congrès. 1 volume gr. in-8° de 476 pages.

Prix des deux volumes : 15 fr., chez M. GRUNER, *secrétaire général du Comité Permanent*, 20, rue Louis-le-Grand, à Paris.

CONGRÈS DE BERNE.

Rapports et procès-verbaux. 1 volume gr. in-8° de 854 pages.

Prix : 10 fr., chez M. GRUNER, *secrétaire général du Comité Permanent*, 20, rue Louis-le-Grand, à Paris.

BULLETIN DU COMITÉ PERMANENT

CONDITIONS DE SOUSCRIPTION.

On obtient le titre de *Membre adhérent du Congrès des Accidents* par le versement d'une cotisation annuelle de 10 francs, en échange de laquelle seront envoyés le *Bulletin* et les autres publications du Comité Permanent;

On obtient le titre de *Membre donateur* par le versement, en sus de sa cotisation, d'un don annuel d'au moins cinquante francs.

Les adhésions et versements doivent être adressés à
M. GRUNER, Secrétaire général et Trésorier du Comité permanent,
20, rue Louis-le-Grand, PARIS.

Prix d'un numéro : 3 francs.

Le Bulletin paraît tous les trimestres et plus souvent s'il y a lieu.

Prix du Tome II : 12 francs.

BAR-LE-DUC, IMPRIMERIE CONTANT-LAGUERRE.

www.ingramcontent.com/pod-product-compliance
Ingram Content Group UK Ltd.
Pitfield, Milton Keynes, MK11 3LW, UK
UKHW020148080726
13614UKWH00005B/2465